T0365422

Mujeres infinitas

Wo..om..men Ad Infinitum

Cecilia Guzmán Puente

Para realizar pedidos de este libro, contacte con:
Palibrio LLC
1663 Liberty Drive
Suite 200
Bloomington, IN 47403
Gratis desde EE. UU. al 877.407.5847
Gratis desde México al 01.800.288.2243
Gratis desde España al 900.866.949
Desde otro país al +1.812.671.9757
Fax: 01.812.355.1576
ventas@palibrio.com
492709

Introducción

Este libro nace desde adentro como una necesidad de comunicar.

Comencé con esta idea desde el año 2003, al estar embarazada de Isabella, mi hija la menor, después de haber tenido dos hijos, me vino a la mente el nombre de Renata y desde entonces me quedé con la inquietud de darle vida a un personaje cuyo nombre fuese Regina. Aún continúo con la idea de crear dicho personaje, pero lo que se ha gestado en estos diez años, ha sido esta obra.

Lo que hoy comparto contigo es un regalo de mis 50, que yo llamo "sin-cuenta". Este libro se trata de una serie de experiencias que he vivido, estas experiencias están inmersas en poesías y relatos que me han ido llegando en este proceso de madurez.

Todo empieza a partir de mi relación con Diego, mi "mar-ido" a quien considero mi "muso" inspirador.

Para mi escribir es una forma de catarsis para ir comprendiéndome y seguir "cree—siendo"

"El que mira hacia afuera sueña, el que mira hacia adentro despierta"
(Carl Jung).

Mi manera de despertar del sueño ha sido comenzando un viaje de introspección.

La idea inicial de crear este libro estaba basada en la estructura de la Divina Comedia, un libro fascinante, y mi historia comenzaba con:

El infierno DI EGO

El purgatorio DIE GO (die: morir en inglés y go, de ir). Morir en defectos y renacer en virtudes, en pocas palabras.

El paraíso IDE GO (el ID es ir a tu parte más profunda en psicoanálisis, y el GO, de ir a tu luz). Por lo que a mí respecta, he podido profundizar en mi sombra y de esta forma "cono—ser" la luz.

Para concluir la idea utilicé mi nombre (Cecilia), integrándole la "S" de silencio (ya que el silencio es un gran aliado), quedando de la siguiente forma:

SE SI LI YA; basta de dramas!, ¿a qué le dices sí?; a enfocarme en lo positivo, ser crítica y creativa, "cree-ando" en acción.

Cada capítulo de este viaje está inspirado en las esculturas de Silvia Arana, escultora mexicana reconocida mundialmente, quien se ha enfocado en esculpir mujeres.

Después de unos ricos desayunos con ella casi cada tres años, elegí 12 de sus maravillosas esculturas y cada una me inspiró para crear esta obra. Fue increíble ir viendo cómo se gestaba y ahora te la ofrezco a ti lector.

Este libro tiene también como inspiración al Tzolkin, una visión global; la obra integra a los cuatro puntos cardinales: sur, oeste, este y norte. Si desde arriba pudiéramos visualizarlo, cada punto cardinal representa entonces tres de las 12 esculturas y el movimiento sería en forma de "S".

Por esto a ti mujer infinita con la fuerza del ahora te invito a "re-na-ser". Puede ser que Renata sea la oportunidad de renacer que tenemos cada día.

Al "observ-arte" y transformarte; siempre el arte es un puente infinito para la liberación y la aceptación.

"Del OESTE AL SUR, DEL SUR AL NORTE
Y TERMINANDO EN EL ESTE.

Capítulo I

Oeste

Plácida Espera

(Fotografía tomada por Silvia Arana.)

Ella sabe que hay más vida que tiempo,
sin prisa, pero sin pausa, la vida es hoy.
Momentos de compartir, experimentar, aprender y seguir . . .

Esta escultura fue la elegida para abrir esta narración de vida y poco a poco se ha ido transformando a través del recorrido que se ha ido siguiendo.

La espera se hace presente en el silencio, el gran aliado.
Vivimos en un mundo tan lleno de estímulos, que es trascendental darte un tiempo de quietud y de reflexión, porque si no, cuando te das cuenta, ya es demasiado tarde.

Así recuerdo en ese momento preciso, esperando el tren en la "Gare du Nord", en Bruselas para ir al aeropuerto, y al subir, cuando pasó el señor que checa los boletos nos dijo: "los niños no pagan"; ¿cuántas veces siguen pagando los platos rotos de sus padres o cargando con penas y dolores pasados? . . .

Y así en el silencio vas buscando un futuro mejor lleno de esperanza, aligerando el equipaje, soltando. Actuando de otra manera, siendo responsable de tus respuestas y cada día es una oportunidad.

Estas elecciones de esculturas han tenido una coincidencia, fue increíble al hablar con Silvia Arana (cuando ya había elegido las 12 esculturas), y en una llamada me comentó que había construido con su hijo en Holbox (Quintana Roo) un espacio y le había puesto por nombre: "La Plácida Espera".

Causalidades; la vida me sorprende día a día con estas coincidencias, y pienso entonces, que sólo me queda agradecer.

Me siento en tierra fértil, y no lo sé, pero hay una voz interior que me dice: espera!, tiempo de lluvia, tiempo de sol y brota hacia la luz, en sentido ascendente; transfórmate en flor y fruto, y sigue tu proceso hasta transmutar.

8 de enero de 2010
San Cristóbal de las Casas.

Momentos Difíciles

(Fotografía de Silvia Arana)

"En el centro de la dificultad, está la oportunidad".

Albert Einstein

Aquí la vemos recordando una frustración, expectativas no realizadas.

¿Qué haces para vivir tu "para-hizo"?

Enojo, competencia, soberbia.

La pérdida de alguien amado, la necesidad de afecto;

ir hacia adentro y ver oportunidades de cambio,

reconocer estos sentires y liberarlos con la aceptación . . .

A nuestra tierra

Amada tierra eres poetiza,

porque la vida la eternizas;

a pesar de hacer ceniza,

sigues dando ternura;

a pesar de la guerra,

querida tierra,

nos sigues dando flores, pan y sustento.

¡Gracias amada mía!

Eres un ejemplo.

Sólo por hoy me identifico,

ahora es la hora de dar lo que tú nos das.

Tus huracanes, temblores, terremotos y guerras

son parte de tu existir, y en el elixir de la vida te perpetúas.

¡Eres un gran Amor!

Remordimientos

(Fotografía de Silvia Arana)

Con libertad se acerca a esos remordimientos . . .

Algún día de estos, promesas en espera; y si hubiera . . .

Palabras no dichas, caricias no dadas, besos rechazados.

Los remordimientos son malos consejeros;

¿Por qué aplazar y postergar momentos?

Espacios que no permitiste,

son como un peso que no soltamos,

hasta ver que de nada nos sirven.

¿Qué puedes hacer hoy con esto?

Hoy es el momento de vivir lo mejor que puedas:

En vez de decir todo lo que piensas,

piensa todo lo que dices;

y en lugar de hacer todo lo que sientes,

siente todo lo que haces.

Es una oportunidad de liberación.

Ya pasó . . .

A reponer, remediar y resurgir.

Aprender de esas sensaciones no rechazándolas,

sino dándote cuenta, aceptándolas y cambiándolas por nuevas respuestas en el aquí y ahora.

Reconocer es un acto de humildad,

este a su vez es un valor que nos permite agachar cabeza,

para levantarla nuevamente con otra mirada.

Aclaraciones que nos ayudan a cambiar nuestra actitud para revalorar y poder despedirnos de esas sensaciones nada agradables . . .

ID E GO

Sí, cuando estas decidida a ir hacia la luz, todo es para bien, cada experiencia aunque parezca "mala" te está llevando a esa luz, hay una fuerza de atracción a la que no puedes resistirte. Te dejas llevar, confías, y serenamente sabes que es la luz que te va llevando desde lo más oscuro.

Te vas dando cuenta de tu sombra, y la agradeces porque ese contraste te hace seguir en confianza y segura de que tu existir no es en vano. Cada paso que das es una bendición, aprendes cada día y te vas transformando, donde tu virtud se va desarrollando con el paso del tiempo y esa sonrisa que generas en el otro, sabes que simplemente es un reflejo de esa luz eterna que siempre está.

Aunque haya momentos en que todo parece oscuro, siempre llega un amanecer nuevo cada día único, y sigues tu camino en el hoy, aquí y siempre, recorriendo acompañado por otros seres que al igual que tú saben de esa luz, la sienten y la viven.

Capítulo II

Sur

Cuestionamientos

(Fotografía tomada por Silvia Arana.)

"Una vida sin cuestionamientos no vale la pena ser vivida."

Platón.

¿Por qué?, ¿Para qué?, ¿Cuándo?, ¿Cómo? y ¿Qué?

Quién no se ha cuestionado el sentido, el rumbo, el viaje de su vida; bajadas y subidas, cuando realmente es un espiral. Teniendo diferentes oportunidades, las tomamos, las dejamos pasar . . .

En una conversación se pueden hacer estos puentes: ¿Dónde estoy? y ¿a dónde voy?

La vida está hecha de decisiones; quieres retractarte.

¿Vale la pena continuar?

¿Quién te acompaña?, ¿te impone, te guía, te somete, te observa, te respeta? , ¿Y tú qué haces?

¿Impones, guías, sometes, observas, respetas?

Observando esta escultura hay dos espacios vacíos; ¿a quién pones?, a parte de las cuatro personas elegidas.

Fue curioso al elegir esta escultura, platicar con Silvia, después de ver los dos espacios que aparentemente quedan entre ellas (cuatro), y coincidió conmigo en que esta obra fue inspirada en un diálogo con sus tres hermanas, y Silvia tiene dos hermanos, o sea, el espacio estaba.

Como dice la canción: "Tanto espacio, tanto tiempo y coincidir . . ."

En este tiempo he sentido el llamado para cuestionarme hacia dónde quiero ir, determinar y definir.

Las respuestas son varias; ¿y tú qué te cuestionas?

La vida está hecha de decisiones y es en base a estas que vas construyendo tu vida.

No Estoy de Acuerdo

(Fotografía de Silvia Arana)

Definitivamente se da cuenta en lo que no está de acuerdo por derecho y convicción; decide y toma su responsabilidad.

¡Esto no me parece!, tengo una visión diferente en esa parcialidad, me abro, escucho

y llegamos a un acuerdo encontrando un balance .

Aquí comparto unas experiencias vividas:

Naturalmente injusto

Esta renuncia se hace denuncia,

para ejercer nuestros derechos,

ya que todos estamos bajo el mismo techo, que es el cielo.

Y . . .

En la receptividad de la tierra,

en quietud ascendiendo por la inmovilidad de la montaña,

cayendo en el abismo del agua;

resurgiendo en la penetración del viento

surge la movilidad del trueno,

y con la luminosidad del fuego me derrito en silencio.

Hasta llegar a la calma del lago,

al norte la creatividad del cielo *para el nuevo comienzo.*

El Adiós

(Fotografía de Silvia Arana)

Die . . .

Estoy muriendo a mis temores, estoy sintiendo los errores cometidos y los transformo en aprendizajes.

Estar alerta en cada paso que doy. Estar atenta en mi actitud ante la vida.

Tantas reacciones (que me han llevado a ladrar, el enojo no cae bien al alma.) Mejor retirarse y saberse dominar. **Sé-parar.**

A **cree—Ser** en virtud, dejar el pasado, estás en presente continúo aquí y ahora. Renaciendo, regresando a la vida, consciente, dándote cuenta.

¿Qué es la muerte?; un paso a lo desconocido a través de un umbral; a veces con temor, angustia y miedo que tienes que pasar. ¿Quién decide tu muerte?, la vida misma o es una elección y darte una nueva oportunidad debida para dejar atrás lo que no pudo ser y ver lo que es, es sólo un paso que te lleva a resucitar, resurgir, reencarnar. Vivir en otra dimensión. Cuántas despedidas, cuántos adioses . . . son parte de ti. La muerte nadie la puede evitar . . .

"La muerte se expía viviendo . . ."

*Muriendo en efectos, naciendo en virtudes. Es mejor el silencio que nada, y procesar. Sentir, liberar. Este es un estado de alerta, como una **con—fe—sión** de los pecados para irte quitando la venda de tus ojos, y a pesar de lo apretada que estuvo, vas adorando cada vez el camino y algunos pasos a tientas que llevas dando en el Sacbe, encuentras a tu Yumbé interior que siempre está ahí atento para guiarte a la luz, ahora sí estas abierta a escucharlo, a seguirlo atenta y con precaución porque en el camino acechan.*

Voy con
Alegría a
Compartir con los
Invitados
Oración en la acción

A: Dios

Así son las despedidas, momentos de dejar algo para seguir el camino, encontrando cosas nuevas y retomando con fuerza la voluntad para encontrar una nueva visión.

A ti:

Que estás cerca de las olas,

y con la inmensidad del mar azul como ninguno,

disfrutas precisamente como una de estas gaviotas.

A ti que disfrutas el aire y ese olor a cielo claro, limpio y puro.

Cómo siento no estar cerca de ti, pero creo que es mejor que estés sola porque quiero que aprendas a sentir y cantar con el mar, a llorar con la lluvia, y a reír con el sol.

Porque cuando te encuentre volaremos juntos como ya hemos volado algunas veces.

Aunque el cansancio vence a nuestras alas y tomemos receso en nuestro caminar, no pararemos mi gaviota; libre por el aire.

Con los sueños y la fantasía de buscar un espacio donde el despliegue de tus alas surque tu reino, que es el cielo . . .

Una poesía que me hizo mi primer esposo:

Frenchy Azuara Zúñiga.

Son estas palabras las que guardo en mi memoria, se ha dicho que la poesía es el lenguaje de los Dioses.

Agradezco infinitamente éstas, y me las llevo en el corazón.

Gracias por nuestro hijo Sian; sé que tu ya estás en plena libertad, partiste el 28 de diciembre de 2008 y en paz descansas ya . . .

Tenemos un común denominador en esta tierra Somos polvo y en polvo nos convertiremos . . . .

Así cientos de los seres trascendidos están en el universo como polvo de estrellas . . . El camino de Santiago . . . La Vía Láctea . . . .

Las constelaciones en constante movimiento y cambio. Transformación, mutación y transmutación.

Capítulo III

Norte

Isla de Mujeres

(Fotografía tomada por Silvia Arana.)

"Aquí están fecundando, dando fe del sur . . ."

Tomando como referencia la escultura de "Isla de Mujeres" de Silvia Arana en Isla Mujeres.

Estas mujeres son enormes, son tres mujeres dialogando, es primavera. Se encuentran en el espacio escultórico en la punta norte y miran hacia Cancún.

Si pudiera imaginar, pondría de un lado a Silvia, mi amiga escultora, que gracias a sus esculturas me inspiré en cada capítulo, y del otro lado a mi ahijada Bercana que cumplió 17 el año que trascendió su vida mi madre, y por último pondría a mi madre en medio, como mujer sabia

que completó plenamente ese día del nacer de ambas: el 16 de marzo y se fue en el año 2012 trascendente en el Tzolkin.

El nombre de Bercana lo sacaron de una runa vikinga, la energía que hace florecer primavera.

Invito a cada uno de ustedes a poner a tres mujeres significativas en sus vidas, y hablar con ellas del encuentro con la vida.

Bautízalas, danza, canta, pinta, cuenta, recita . . .

A ti querida mamá que trascendiste justo a tus 77 años, como dijeron Mari Pro: "Eres un gran roble espiritual", y la Nena Noriega: "Eres energía femenina en expansión", y así podrías tener un infinito de cualidades.

*Vives en mí, y sólo me queda **agrade—ser** por tu presencia.*

Haciendo una analogía con las tres gracias: fe, esperanza y caridad; tres virtudes que sintiéndolas en nuestras vidas amplían el horizonte.

Lo femenino es capaz de procrear a lo masculino. Su esencia procede del Ying y el Yang, es lo opuesto y complementario. Nuestra galaxia, nuestra tierra y la luna tienen características Yin: receptiva, precisa, concisa, expresada por el ideograma de la receptividad de la tierra. Y surge de su opuesto y complementario la creatividad del cielo. El ying tiene consciencia de su posición en la totalidad; la tierra ying sabe que está sometida por las leyes del yang, por las leyes del cielo, y tiene las características de lo femenino; el ying de ser guiado por el yang, se sabe vehículo de receptividad, es su capacidad de procrear lo que la hace saberse receptiva.

El ritmo de lo femenino es el 7 porque está ligado a la luna, tiene 4 fases lunares de 7 días cada uno, su ciclo menstrual es de 28 días.

Aquí les recomiendo un tratamiento llamado "Retorno al cielo anterior", que se hace en luna nueva, durante cuatro meses (ver figura en la siguiente página):

- Primer mes: masaje en Shuiquan: 5 R (el origen del agua), que estaría en la receptividad de la tierra, esto se hace durante tres días.

- Segundo mes: Shuitu, masaje en el punto 10 E (la emergencia del agua que estaría en la inmovilidad de la montaña).

- Tercer mes: Shuidao; moxibustión indirecta en el punto 28 E (la vía del agua, que estaría en el abismo del agua), también durante tres días.

- Cuarto mes: finalmente en la siguiente luna nueva, puntura perpendicular en el punto Shuifen: 9RM (la división de las aguas, que estaría en la penetración del viento) por tres días.

Así recorren toda la consciencia del agua del cielo, posterior, y se colocan en el límite de pasar este desfiladero, este largo, difícil y complejo paso entre las aguas posteriores y las anteriores*.

*José Luis Padilla, La Alkimia de la Inmortalidad (2ª. Edición, 1999).

Aquí cabe mencionar el encuentro con Anita Moorjani por medio de su libro MORIR PARA SER YO.

Su estado de coma empieza un 3 de febrero día en que nació mi madre María Alicia Puente L. y nace el 16 de marzo día en que mi madre murió en este plano

Pero se sabe que somos infinitos y lo confirmó con esta experiencia. Otra vez me cuestiono causalidades de este plano . . . conexiones de vidas.

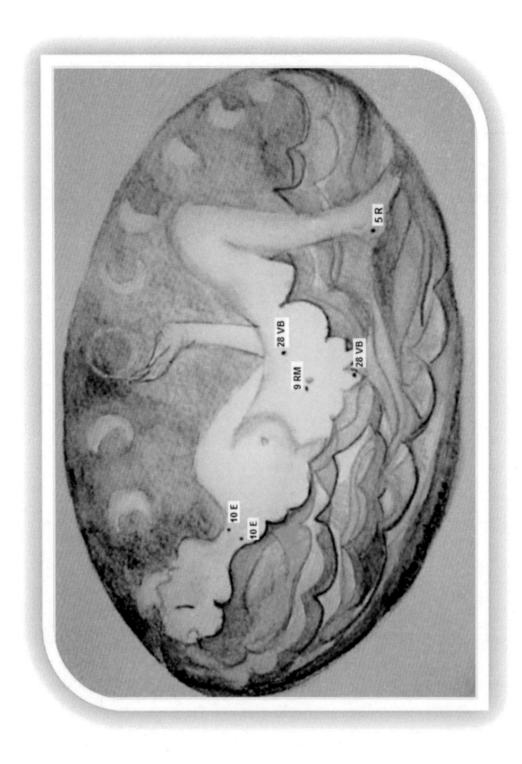

Gracias Fausta por tu ilustración
I r i s, me encantó.

The listener

(Fotografía de Silvia Arana)

A mia moglie per sempre

Cara Cecilia:

Só che ami la V . . .

y per questo sei la mia pasione,

il mio oggi, la mia felicitá,

grazie, ti amo.

Impazzisco il mattino quando aprendo i miei occhi

ti vedo felice, prendendo la V . . . .

A braccia aperte, sei un amore.

Grazie, ti desidero,

só che a volte é difficile, prendere la V . . . con allegria,

pero bisogna perseverare,

Perche la V . . . é bella e piena di spumeggianti sorpresa,

grazie amore mio, prendila V . . . con gioia.

So che ti piace, non sentirti in colpa, godila tutta

perche oggi cë domani chi lo sá . . .

Grazie bellissima donna,

prendi la V . . .

Con piacere e vivrai in eterno,

volando, sulle montagne piú alte,

grazie vita mia;

Tanti tanti tanti auguri.

Diego

Ti voglio Bene

(24/6/2009)

A mi mujer por siempre

Querida Cecilia:

Sé que amas la Vida,

y por esto eres mi pasión,

mi hoy, mi felicidad,

gracias te amo.

Enloquezco en las mañanas cuando abro los ojos,

te veo feliz, tomando la V . . .

A brazos abiertos, eres un amor.

Gracias, te deseo,

sé que a veces es difícil tomar la V . . . con alegría, pero es necesario perseverar.

Porque la V . . . es bella y llena de espumeantes sorpresas,

gracias amor, toma la V . . . con alegría.

Sé que te gusta, no tengas culpas, gózala hoy,

porque mañana, quien sabe si esté . . .

Gracias bellísima mujer,

toma la V . . .

Con placer y vivirás en lo eterno,

volando sobre las montañas más altas,

gracias vida mía;

¡Muchas Felicidades!

Diego

Te quiero mucho.

24/06/09

Es escuchando y contemplando que puedes apreciar lo bueno, bello y verdadero.

La poesía anterior fue hecha por mi **mar-ido** Diego, estoy muy agradecida y la quise compartir con ustedes.

Adentro ahí en tu interior no ves,
sólo escuchas un latido,
ahí estas en la oscuridad, tú y la nada,
tú en el útero, formándote en el tiempo.

En este tiempo que has elegido vivir: el tercer milenio,
¿qué sientes?, hay un aliento divino que te hace vibrar,
*te has decidido y comienzas a crecer, **cree—ser** . . .*
*Y te das la oportunidad de **na—ser**,*
nuevamente te están llamando.

***Ya—amando** lo sientes, lo vibras, lo vives;*
sólo agradeces,
escuchas el silencio profundo que te lleva a la nada,
profundamente hasta sentirte en un lecho, en un regazo.
Imagínate como el Cristo de la Piedad,
y alguien con una mirada única te está observando,
te sostiene con una dulzura,
vuelve a escuchar, reconoces y en ese instante te vas a una cita esencial . . .

Tu primera cita en esta tierra . . .
¿Dónde, en la matriz?
En la galaxia,
en la tierra,
en la luna,
en la madre.
¡Ya llegaste!

Tercer Acto

(Fotografía de Silvia Arana)

El momento en el que culmina una acción: 1, 2, 3;

el uno hace al dos, y el tres es todo lo que existe.

Vida, muerte, resurrección y se va acabando un capítulo para reiniciar de nuevo.

Inicio, desarrollo y cierre para volver a comenzar . . .

¿Qué es este final después de todo?

Vamos el cerrar un ciclo,

estás en una iniciación.

Bendito sea el tercer acto, es el final de una etapa;

*una obra de teatro, un **re-na-ser**, el espacio del ser donde el ego no tiene cabida,*

*simplemente eres y debes **ob –ser –v—arte***

Te dejas llevar en el fluir de la vida,

sabiendo que hay algo más allá de lo que puedes ver, sentir y vivir en el hoy.

Hay un plan divino, realiza tu misión.

Yo no soy yo, sólo soy . . .

Y en esa parcialidad, el ojo observador ve la totalidad.

Eres un granito de arena en la inmensidad del universo.

Capítulo IV

Este

Iniciación

(Fotografía de Silvia Arana)

Aquí inicio una vía de luz donde se ama lo que es . . .
Sin más ni más, una aceptación al momento, al aquí y ahora.

Esta es una iniciación interior, donde sólo existes adentro, todo lo de afuera es
simplemente una manifestación de tu mirada. Algo que guardas y sientes en tu
corazón.

Sé responsable de tus sentimientos, dejando la dualidad y entrando en la
totalidad, hay un plan infinito, un plan divino.

Aceptas y trasciendes, logras ver más allá.
Es un simple recuerdo del futuro,
te diriges hacia la luz,
cada paso que das lo disfrutas, lo agradeces, lo aprecias.

Te estás iniciando en una etapa trascendente y ya has estado presente en muchos
actos.
Son hechos que vas guardando en tu memoria para liberarlos día a día y sólo
existir,
¡así tal cuál eres!

GO . . .

Estás presente en cada paso que das, vas consciente de cada avance y cada vez
se ve más claro; no pierdes la calma, te mantienes serena a pesar del ruido que
se escucha, sabes que estás acompañada y que todo es para bien.
Encuentras el valor y sigues paso a paso, sin cesar, vas alegre y aprendes,
aprendes . . .
Das gracias y continúas, te vas encontrando otros caminantes en la misma
dirección, sonríes, cada vez somos más; la alegría, la serenidad y la certeza nos
unen . . .

Ser

(Fotografía de Silvia Arana)

Simplemente ser, en la presencia del espíritu,

en el momento, aquí y ahora.

En un estado permanente de disponibilidad,

comprensión y creación.

Inlakesh

"Yo soy tú, tu eres yo"

Es esa parte sagrada donde nada te altera, donde sabes y sientes que vive el que te ama, el que confía, el que cree en ti, el que te llama.

Al "sal-irte" de tu mente frívola, miedosa y saboteadora,

te sientes en confianza dando lo mejor de ti.

Agradeciendo cada aprendizaje,

"na-ser" el lugar del ser . . .

Ese lugar sagrado donde la aceptación es total,

donde tu conexión es coherente en tu pensar, sentir y hacer.

Es una unión perfecta, es donde es así;

Y con fe y esperanza sabes qué es lo mejor.

Es cuando comienzas a ver todo

desde una perspectiva más amplia,

todo adquiere un sentido de ser,

y en "ser—en—id—dad", alegría, armonía y aceptación.

Presencia

(Fotografía de Silvia Arana)

Estando completamente presentes, todos los sentidos receptivos: abiertos a la mirada, la escucha, el olfato, el gusto, el tacto; ¿a qué te sabe esto?, ¿cómo lo sientes?

Mira más allá de lo que ves; hueles algo, ¿a qué te sabe?, prueba con los ojos, escucha con la nariz, siente con los oídos, toca con tu boca, mira con tus manos

. . .

¿Qué te parece?, el juego es esencial:

Para estar en, con y por;

pasar por el momento de una manera abierta, atenta y participando con presencia en el aquí y ahora.

"La energía se hace presencia"

(Teilhard de Chardin).

La presencia de cada uno de mis hijos le da un significado a todo mi ser:

Sian: Cielo-Movimiento.

El nombre del mayor de mis hijos significa cielo, así decidimos ponerle porque justo en el año que estuve embarazada de él (1987), se decreta *Sian Ka´an* (lugar donde comienza el cielo), como reserva de la biosfera, pulmón del mundo.

Daniel: Tierra—Fuerza.

Mi hijo el de en medio, nació justo en primavera del año 2000, al inicio de esta nueva era, habíamos pensado en el nombre de Gabriel por el Arcángel, pero nació un primo de él meses antes, en noviembre, y le pusieron Gabriel. Entonces Daniel es por el profeta.*

Isabella: Consciencia-Dirección.

El nombre de la más pequeña, fue un nombre que siempre me gustó y fue bien aceptado. Una vez embarazada de ella, me desperté como a las tres de la mañana con el nombre de Renata en la cabeza, se lo comenté a mi familia y ganó el nombre de Isabella . . .

*Tuve una mordida de un león justo en el 36 E, es un punto de la acupuntura que se llama La divina indiferencia terrestre"; por algo será, como ven me gusta relacionar. La vida del profeta Daniel tuvo que ver con leones, cuando lo mandaron al calabozo y estos no le hicieron nada.

Y para concluir: viviendo entre el cielo y la tierra en movimiento, la fuerza nos lleva en dirección a, con y para la consciencia

Alkimizando . . .

Viendo las dificultades en oportunidades y liberándolas en el aquí y ahora, que es lo único que existe.

Aquí les comparto lo que hice con un pedazo de plastilina justo cuando cumplí 49 años y lo fui transformando con el tiempo en oportunidades y liberación.

"Y las mujeres le seguían y le servían cuando estaba en Galilea . . ." (Marcos: XV, 41).

Una mujer nací

De Irasema Solórzano de Venecia

Nunca voy a perder la perspectiva de lo que siento aquí.
Y en esta tierra mía, cantándole a mi gente
Me acuerdo siempre, (bis 6)
Que una mujer nací

Para cantarle al amor y a la esperanza
Y también al dolor, ya lo probé
Más si se cae mi corazón prontito se levanta
Con la ternura y la fuerza que hay en mí
Porque mujer nací

Como quiera me quiero, donde quiera lo siento
Con los ojos cerrados y con los ojos abiertos
Me lleno de pasión y de locura
Lo mejor de mi aventura es que vivo enamorada
Que con mucho poco o nada una mujer nací

Nunca voy a dudar que Dios me ama porque lo siento así
Si me hizo creativa de alma cuerpo y mente
Confío ciegamente (bis 6)
Que le voy a cumplir

Con el plan de vivir mi propia vida
Dónde quiera gritar que estoy aquí
Yo me prometo continuar hasta el último día
Con la ternura y con la fuerza que hay en mí
Porque mujer nací

Como quiera me quiero, donde quiera la siento
Con los ojos cerrados, con los ojos abiertos
Me lleno de pasión y de locura
Lo mejor de mi aventura es que vivo enamorada
Que con mucho, poco o nada
Una mujer nací

Con agradecimiento por su colaboración a la Dra. Irasema del Carmen Solórzano Alonso Compositora, Psicóloga y Músico –Terapeuta graduada en la University of California, University of Southern California y University of Miami. Nacida en la Ciudad de México el 16 de Julio de 1954, a finales de los años setenta y principios de los ochenta, grabó cuatro discos sencillos y un L.P., participó en varios programas de televisión como Siempre en Domingo" y Alegría del Medio Día", dirigida por el productor Humberto Navarro. También participó en varios Festivales OTI donde ganó dos premios de la revelación con las intérpretes Maria de los Angeles y Yuri. Actualmente, trabaja como psicoterapeuta y continua componiendo canciones, ahora más que nunca con el fin de compartir los conocimientos de psicología y ayudar a los demás. Cel.984 129 20 86 HYPERLINK mailto:iramusic2@hotmail.com" iramusic2@hotmail.com

Sobre la autora:

Cecilia Guzmán Puente (Sesiliya);

Nació en México D.F. Un 24 de junio de 1963. Realizó sus estudios en Educación Preescolar, y cuando sus padres (Luis Guzmán García y María Alicia Puente L.) estuvieron realizando

la Maestría en Sociología en Lovaina, la Nueva Bélgica, estudió Turismo en el Instituto Charles Péguy; esto le permitió radicar desde 1984 en el estado de Quintana Roo, lleva viviendo en Cancún 15 años y 13 años más en Playa del Carmen, ahí mismo inició un taller de escritura creativa y descubrió a su escritora interior.

Estudió Medicina Tradicional China en la Escuela Neijing en Cancún (1996-99).

Impartió un programa de Filosofía para niños y ahora imparte talleres de cuentos, cantos y rondas en el Centro Cultural del municipio Solidaridad. También ofrece el taller del rebozo (como prenda de identidad femenina) donde con un círculo de mujeres, comparten vivencias y se unen en un telar de vida revelando lo femenino...

Tiene un compromiso con la vida, difundiendo la importancia del compartir para solidarizarnos cada vez más. "En las mujeres está la transformación de esta nueva tierra"

"Te invito a este viaje interior compartiendo aspectos de mi vida para llegar a mis "sin-cuenta", con más consciencia, dándome cuenta de cada paso que realizo.

Printed in the United States
By Bookmasters